Nochevieja en la morgue

Otras obras del autor en español

¡Bienvenidos a bordo!, ¿Hay algún autor en la sala?, ¿Hay algún critico en la sala?, 13 y Martes, A corazón abierto, Amores a Ciegas, Apenas un instante antes del fin del mundo, Aviso de paso, Bar Manolo, Batas blancas y humor negro, Bien está lo que mal empieza, Breves del Tiempo Perdido, Cama y Desayuno, Cara o Cruz, Crash Zone, Crisis y Castigo, Cuarentena, Cuatro Estrellas, Cuidado frágil, Denominación de Origen no Controlada, Después de nosotros el diluvio, El cuco, El infierno son los vecinos, El Joker, El olor del dinero, El pueblo más cutre de España, El Rey de los Idiotas, El Último Cartucho, El yerno ideal, Ella y El, Monólogo Interactivo, Encuentro en el andén, Escenas callejeras, EuroStar, Flagrante delirio, Foto de Familia, Había una vez un barco chiquitito, Jaque Mate, La función no está cancelada, La ventana de enfrente, Los Náufragos del Costa Mucho, Milagro en el Convento de Santa María-Juana, Muertos de la Risa, Ni siquiera muerto, Nochevieja en la morgue, Plagio, Por debajo de la mesa, Prehistorias grotescas, Preliminares, Pronóstico Reservado, Sin flores ni coronas, Strip Póker, Un ataúd para Dos, Un matrimonio de cada dos, Un pequeño asesinato sin consecuencias, Zona de Turbulencias.

JEAN-PIERRE MARTINEZ

Nochevieja en la morgue

La Comédiathèque
comediatheque.net

PERSONAJES

Mujer

Hombre

ISBN 978-2-38602-086-5

Una habitación amueblada solo con un escritorio y dos sillas. Sobre el escritorio hay una computadora antigua y un viejo teléfono. Encima del escritorio hay un letrero que dice "Instituto de Medicina Forense – Recepción". Junto al escritorio hay un árbol de Navidad decorado de manera simple. Un hombre está sentado detrás del escritorio. Está durmiendo. El teléfono suena y se despierta de golpe.

Hombre – Instituto de Medicina Forense, ¿dígame? ¡Ah, mamá, eres tú! No, no... Estaba trabajando. No te preocupes, no... No estoy cortando una pava... Y tampoco tengo la intención de llevar trabajo a casa para Año Nuevo... Mira, por ahora está bastante tranquilo. Hay que decir que mis vecinos no son muy molestos. Sí, ya sé, yo también hubiera preferido estar con vosotros en la cena de Nochevieja, pero qué le vamos a hacer... Todavía estoy de guardia... Igual que en Navidad, así es. Ser el único enfermero soltero en el servicio no tiene solo ventajas. Deben pensar que no tengo nada mejor que hacer durante las fiestas... Sí, mamá, ya me lo has dicho, que si quisiera, tendrías muchas mujeres bien educadas para presentarme... Lo sé, una morgue es el lugar ideal para conocer viudas, pero bueno... justo después de reconocer el cuerpo de su difunto esposo, no es el mejor momento para invitar a una viuda a tomar algo... Y tampoco voy a casarme solo para evitar estar de guardia en Nochevieja... (*Se escucha un trueno, la habitación queda a oscuras por un breve momento y se ve el destello de un rayo, luego la luz vuelve.*) Sí, al parecer, viene una tormenta... Siento que esta noche vamos a rechazar gente. La temporada navideña siempre es animada para nosotros. Así que con mal tiempo... La gente está completamente ebria. Se atragantan con una ostra o un hueso de pavo. O apuñalan a su pareja con un cuchillo de ostras después de encontrarlo en brazos de su mejor amigo. O se caen de su balcón tratando de colgar una guirnalda. O chocan contra un plátano al regresar de la fiesta... En resumen, el fin de año a menudo es sinónimo de una matanza. Sí, mamá, he traído la canasta de comida que preparaste para la cena de Nochevieja. Carne fría, eso es... Me cambiará un poco... Claro, yo también pensaré en vosotros. Sí, tendré cuidado de no atragantarme con una espina de pescado. Bueno, mamá, tengo que dejarte... Yo también los abrazo. Sí, nos hablamos...

Él cuelga el teléfono. Abre un cajón, se prepara una línea de cocaína y la inhala.

Hombre – Uf... Esto despertaría a un muerto...

Un nuevo trueno. Las luces se apagan de nuevo, pero esta vez no vuelven a encenderse. Nuevos relámpagos.

Hombre – Mierda... Si la electricidad no vuelve pronto, corremos el riesgo de que se rompa la cadena de frío y la carne se eche a perder. Deben haber saltado los fusibles. Pero ¿dónde está el cuadro eléctrico? Si pudiera encontrar la linterna, al menos...

Sale a tientas en la penumbra. Música inquietante. En la penumbra, una mujer llega envuelta en una sábana, como un sudario. Parece desorientada. Da vueltas por la escena y luego se sienta en el escritorio en la silla previamente ocupada por el enfermero de guardia. Este último vuelve con una linterna encendida, pero no la ve.

Hombre – Es una pesadilla... ¿Dónde está ese maldito contador...? No puede ser... (*Recorre la escena sin ver a la mujer, luego desaparece un momento tras bastidores.*) ¡Ahí está! Bueno... Sí, así es... Se ha disparado... Está bien, podría ser peor... Solo necesito volver a presionar aquí... (*La luz vuelve*) ¡Y hubo luz...!

Regresa con una sonrisa satisfecha, pero su sonrisa se congela al ver a la mujer fantasmagórica sentada en su lugar. Da un respingo.

Hombre – ¿Pero qué haces aquí? ¿Estás bien? Casi me da un infarto.

Mujer – Lo siento mucho...

Hombre – Morir en una morgue en la víspera de Año Nuevo, admito que sería una muerte estúpida.

Mujer – ¿Una morgue...?

Hombre – ¿Qué tipo de atuendo es ese? ¿Acabas de salir de la cama?

Ella parece darse cuenta solamente a sí misma de que está vestida solo con una sábana.

Mujer – Ah sí... Tienes razón...

Hombre – ¿Estás disfrazada de fantasma, verdad? ¿Vas a una fiesta?

Mujer – No, no lo creo...

Hombre – Pero bueno, ¿quién eres tú en primer lugar?

Mujer – No lo sé...

Hombre – ¿No lo sabes?

Mujer – No. No tengo idea.

Hombre – De todas formas, no tienes nada que hacer aquí. Y te pido que te vayas.

Mujer – ¿Que me vaya? ¿A dónde?

Hombre – ¿A dónde? ¡Yo que sé! Regresa de donde viniste, será un buen comienzo.

Mujer – Me gustaría, pero... no sé de dónde vengo.

Hombre – No sabes quién eres, no sabes de dónde vienes... Pero sabes bien dónde estás, ¿verdad?

Mujer – No. ¿Dónde estamos?

Hombre – Estás en la recepción del Instituto de Medicina Forense. (*Señalando el letrero*) ¿Ves? Está escrito ahí. Así que si estás buscando urgencias, estás en el piso equivocado.

Mujer – ¿Urgencias? No, no busco urgencias.

Hombre – No pareces estar en tu estado normal... Has bebido demasiado, ¿verdad? Aún no son las once de la noche. Por lo general, a las seis de la mañana es cuando uno se encuentra con personas como tú al día siguiente de Año Nuevo.

Mujer – Ah, ¿porque es Año Nuevo?

Hombre – Bueno, en cualquier caso, no deberías quedarte aquí.

Mujer – Tengo sed.

Hombre – Ah, sí... Estás pálida como un cadáver, vaya. ¿Estás bien?

Mujer – Estoy bien... pero tengo sed.

Hombre – Voy a buscarte un vaso de agua y luego te largas... Pero mientras tanto, no te muevas, ¿de acuerdo? Porque aquí es un poco como la casa de Barba Azul. Hay ciertas puertas... y ciertos cajones que es mejor no abrir.

Mujer – ¿Tienes un espejo?

Hombre – ¿Un espejo?

Mujer – Sí.

Hombre – Debo tener uno por aquí. (*Abre varios cajones.*) Antes, en las morgues, se usaba un espejo para asegurarse de que la gente realmente ya no respiraba. Aún se usa de vez en cuando...

Del último cajón saca un espejo y se lo entrega a la mujer.

Mujer – Gracias.

Hombre – Pero sabes, antes de arreglarte, sería mejor que te vistieras...

Él sale. Ella se mira en el espejo y parece no reconocerse. Se levanta, aturdida, y recorre la escena de nuevo. El teléfono suena. Ella contesta.

Mujer – Sí... ¿Hola, señora...? Sí, sí, estás llamando al... (*Mirando el letrero encima del escritorio*) Instituto de Medicina Forense. No, no soy la enfermera de turno... Bueno, al menos no creo... ¿Su hijo? No sé. Acaba de salir, creo. De acuerdo... Se lo diré... Sí, feliz año a usted también. Adiós, señora...

Ella cuelga. Él regresa con un vaso de agua y se lo ofrece.

Hombre – Aquí tienes...

Mujer – Gracias.

Ella vacía el vaso de un trago. Él la observa con una expresión preocupada, manteniéndose alerta.

Hombre – ¿Te sientes mejor?

Mujer – Sí, estoy bien... (*Lo mira*) ¿Y tú?

Hombre – ¿Yo?

Mujer – Pareces un poco perturbado también.

Hombre – No, no, estoy bien...

Mujer – Ah, sí, el teléfono ha sonado...

Hombre – ¿Y...?

Mujer – Tendrás que llamar a tu madre de nuevo.

Hombre – ¿Contestaste?

Mujer – Sí... ¿No debí...? Lo siento... El teléfono ha sonado... Fue un reflejo...

Hombre – Estamos en la morgue, aquí. No se supone que debas contestar el teléfono.

Mujer – Era tu madre...

Hombre – Sí, entendí.

Mujer – Pareces... nervioso. ¿Qué está pasando?

Hombre – Llegaste así, en plena tormenta, en la oscuridad, envuelta en una sábana... Estamos en la morgue... ¿Y eres tú la que me pregunta qué está pasando?

Mujer – Estoy realmente confundida...

Hombre – Confundida... Sí, se puede decir eso.

Mujer – Mejor me voy...

Ella hace ademán de salir, pero él la detiene.

Hombre – Espera... Perdona... Tienes razón... No debería ponerme nervioso así.

Mujer – No sé qué me está pasando... (*Viendo su expresión perpleja*) ¿Tienes algo que decirme, verdad?

Hombre – Es que... es un poco difícil de decir, precisamente...

Mujer – Te escucho...

Hombre – Para ir a buscar este vaso de agua, crucé la sala fría... Bueno, la habitación donde se guardan...

Mujer – ¿Y...?

Hombre – Uno de los cajones está abierto... El número 99... Y está vacío.

Mujer – Vacío...

Hombre – Vacío. (*Un momento*) ¿No sería el cajón del que tú saliste, por casualidad?

Silencio.

Mujer – ¿Quieres decir... que estaría muerta?

Hombre – No lo sé... Es solo una suposición... Un cuerpo ha desaparecido... Y luego apareces tú... envuelta en una sábana. No recuerdas nada... Ponte en mi lugar...

Mujer – En este momento, preferiría estar en el tuyo en lugar del mío, créeme.

Hombre – Sí, obviamente.

Mujer – ¿Entonces estaría muerta... y habría vuelto a la vida?

Hombre – Estoy tratando de entender.

Mujer – ¿Crees que es posible?

Hombre – Teóricamente no.

Mujer – ¿Pero ya ha sucedido?

Hombre – Que yo sepa, aparte de la Biblia, no. Bueno, después de todo, no lo sé. Se ven tantas cosas... En cualquier caso, en esta morgue, nunca he visto algo así...

Mujer – ¿Estás seguro?

Hombre – Créeme, he visto a muchas personas llegar aquí con los pies por delante, y ninguna ha salido de aquí caminando.

Mujer – Entonces...

Hombre – No, no puede ser eso...

Mujer – ¿Pero...?

Hombre – Pero aún así, falta la cliente del cajón 99.

Mujer – ¿Conoces a todos?

Hombre – ¿Quiénes?

Mujer – Tus... clientes.

Hombre – No personalmente, no. Pero es cierto que cuando no tengo nada más que hacer, a veces consulto sus expedientes. También nos llegan celebridades, ¿sabes?

Mujer – Sí... Tarde o temprano, todo el mundo termina en la morgue.

Hombre – Lo que es más raro es que salgan de aquí para ir a otro lugar que no sea el cementerio...

Un momento.

Mujer – ¿Y si otros muertos despertaran?

Hombre – Realmente has decidido arruinarme la Nochevieja... ¿No es una broma, verdad?

Mujer – ¿Una broma?

Hombre – En el sector hospitalario, estamos acostumbrados a las bromas macabras, ¿sabes? Las llamamos bromas de estudiantes de medicina. Tengo que admitir que esta sería muy graciosa... si es que lo es.

Mujer – No es una broma, te lo aseguro. (*Un momento*) ¿Crees en los fantasmas?

Hombre – Si creyera en ellos, ¿realmente crees que habría elegido esta profesión? De hecho, cuando digo "elegir"... No pienses que es una vocación.

Mujer – Entonces tal vez soy... un muerto viviente. Un zombie...

Hombre – Un muerto viviente o un zombie... no estoy seguro de saber cuál prefiero.

Mujer – No tengas miedo... no te quiero hacer ningún daño. En realidad, necesitaría ayuda...

Hombre – Aparte de la sábana, no pareces mucho a un fantasma. (*Se acerca a ella.*) ¿Me permites...?

Él toma su mano. Ella se retira.

Mujer – ¿Qué estás haciendo?

Él toma su pulso.

Hombre – Tienes las manos frías. No es sorprendente si acabas de salir del refrigerador. Pero tu pulso está normal. No, definitivamente no eres un fantasma.

Mujer – Entonces, ¿qué soy?

Hombre – No lo sé.

Mujer – Si fuera una verdadera resurrección... sería un milagro.

Hombre – Detrás de todo milagro suele haber un error de diagnóstico, ¿sabes? En Lourdes, la mayoría de las curaciones son de enfermos imaginarios.

Mujer – No estoy segura de entenderte...

Hombre – Puede que te hayan declarado muerta cuando en realidad no lo estabas.

Mujer – ¿Eso ocurre?

Hombre – No debería, pero sí, supongo que ha ocurrido.

Mujer – Eso no explica por qué no recuerdo nada... ¿Y si simplemente estoy loca?

Hombre – O tal vez soy yo el que delira.

Mujer – ¿Tú?

Hombre – Tal vez estoy imaginando todo esto, y nada es real. *(Un momento)* ¡Pellízcame!

Mujer – ¿Perdona?

Hombre – ¡Pellízcame! Si estoy durmiendo, me despertaré y esta pesadilla habrá terminado.

Mujer – Bueno...

Ella lo pellizca.

Hombre – ¡Ay!

Mujer – Entonces.

Hombre – Aparentemente, esto no es una pesadilla.

Mujer – O tal vez estás soñando que te pellizcan.

Hombre – Sí, también es una hipótesis, desafortunadamente. ¿Y realmente no tienes ningún recuerdo?

Mujer – No...

Hombre – Sin embargo, no has perdido el uso de la palabra... Seguro que recuerdas algo... Haz un esfuerzo. Concéntrate. ¿Qué imagen te viene a la mente primero?

Ella parece concentrarse.

Mujer – Un pastel.

Hombre – ¿Un pastel?

Mujer – Un pastel de cumpleaños.

Hombre – ¿Un cumpleaños... el tuyo?

Mujer – Sí, supongo.

Hombre – ¿Cuál es el nombre en el pastel?

Ella se concentra nuevamente.

Mujer – ¡Cristina! ¡Feliz cumpleaños Cristina!

Hombre – ¿Y estás segura de que es tu cumpleaños?

Mujer – Creo que sí. Me estoy preparando para soplar las velas.

Hombre – ¿Cuántas velas hay?

Ella cierra los ojos para concentrarse mejor.

Mujer – ¡Tres!

Hombre – Ah, sí... Eso no nos va a ayudar mucho...

Un momento de silencio.

Mujer – Tal vez cuando morimos, hay una actualización automática. Olvidamos todo para poder renacer como otra persona. Un recién nacido, por ejemplo.

Hombre – ¿Y algo salió mal en tu caso? Un error, por así decirlo.

Mujer – Y en lugar de reencarnarme, renazco en el mismo cuerpo...

Hombre – Aun así, recordando tu vida hasta los tres años.

Silencio.

Mujer – ¿Conoces la identidad de esta mujer?

Hombre – El número 99... Sí, está en el expediente. Pero es confidencial.

Mujer – Al mismo tiempo, si soy yo...

Hombre – Tienes razón. Si en efecto eres tú, no podemos hablar de secreto médico. (*Se sienta frente a la computadora y teclea en el teclado.*) Veamos, 96, 97, 98... Ahí está, 99.

Mujer – ¿Y bien?

Hombre – Se llama Cristina... Cristina Wagner...

Mujer – ¡Como en el pastel!

Hombre – Exacto, como en el pastel.

Mujer – ¿Qué más? Tal vez eso me ayude a recuperar la memoria...

Él consulta nuevamente la pantalla de su computadora.

Hombre – Nació en 1989... el 31 de diciembre.

Mujer – ¡Entonces hoy es mi cumpleaños!

Hombre – Feliz cumpleaños, Cristina. Lo siento, no tenía planeado tener pastel...

Mujer – ¿Qué más?

Hombre – Profesión, psicoterapeuta...

Mujer – ¿Psicoterapeuta?

Hombre – ¿Tampoco recuerdas eso?

Mujer – No. ¿Y estoy casada?

Hombre – Sí... con un tal Ricardo.

Mujer – Ricardo Wagner...

Hombre – ¿Te suena de algo?

Mujer – Vagamente...

Hombre – Falleció... fue ayer.

Mujer – ¿Y de qué morí?

Hombre – Causa de la muerte... envenenamiento por medicamentos. Se ha solicitado una autopsia.

Mujer – ¿Hay una foto?

Hombre – Sí... pero te advierto, no es agradable de ver.

Mujer – ¿La foto es tan fea?

Hombre – Es una foto post mortem.

Mujer – Muéstramela de todos modos...

Echa un vistazo a la pantalla de la computadora.

Hombre – Te lo advertí. No es una foto que te favorezca.

Mujer – Sí, no me veo bien.

Hombre – Créeme por mi experiencia, los muertos rara vez se ven bien...

Mujer – Tal vez deberíamos informar a mi familia... a mi esposo...

Hombre – Al mismo tiempo... ya no estamos a minutos de diferencia, ¿verdad? Porque obviamente les causaría un shock.

Mujer – Seguro.

Hombre – No sé si puedo tomar la responsabilidad de informar a tus seres queridos. Primero debemos verificar todo esto. Asegurarnos de no equivocarnos. No darles falsas esperanzas. En fin, hacer que tu resurrección sea oficialmente homologada.

Mujer – ¿Homologada? ¿Como los milagros, quieres decir?

Hombre – Sería necesario que el médico forense te examine de nuevo. Que admita que se equivocó. Que en realidad no estabas muerta. Pero ya sabes cómo son los médicos. Si hay algo que detestan, es admitir que se equivocaron.

Mujer – ¡Hay que llamar al médico forense! ¡Ahora mismo!

Hombre – Desafortunadamente, no tengo su número personal. Yo estoy de guardia esta noche. Es víspera de año nuevo. Debe estar de fiesta en algún lugar.

Mujer – Entonces, ¿no hay ningún plan en caso de emergencia?

Hombre – Sabes, es extremadamente raro que haya emergencias en la morgue...

Mujer – No lo sé, al menos ¿tenemos que alertar a la policía?

Hombre – Lo tomarán como una mala broma... Es Año Nuevo... Todo el mundo está borracho. Yo mismo he consumido sustancias prohibidas para olvidar que iba a pasar la Nochevieja con cien cadáveres. Preferiría no ser examinado de inmediato...

Mujer – ¿Entonces, qué hacemos?

Hombre – En el punto en el que estamos, podemos esperar hasta mañana por la mañana. Mi turno termina a las seis... Informaré a mi reemplazo y veré con él qué se puede hacer.

Mujer – Siento causarles todos estos problemas.

Hombre – Lo principal es que estés viva. Pero si realmente eres un fantasma, tampoco será fácil para ti, ya sabes...

Mujer – Pensé que una vez fuera de este cajón, lo peor ya había pasado...

Hombre – Créeme, eso es solo el comienzo de tus problemas. Cuando alguien ha sido declarado muerto y la gente ya se ha hecho a la idea...

Mujer – Tal vez tengas razón, desafortunadamente.

Hombre – Sin mencionar el resto. Cuando la administración decide que alguien está muerto, tampoco siempre es fácil hacerla cambiar de opinión.

Mujer – Me pregunto si sería más fácil que volviera a mi cajón.

Hombre – ¿Cómo te sientes?

Mujer – Bien.

Hombre – No, porque si insistes, todavía puedo hacerte examinar por un médico residente.

Mujer – ¿Eres enfermero, verdad? Me has examinado...

Hombre – A la vez, no soy especialista en muertos vivientes.

Ella mira a su alrededor.

Mujer – Entonces aquí es donde trabajas...

Hombre – Sí.

Mujer – Y... ¿todo el mundo pasa por el Instituto de Medicina Forense?

Hombre – No, por lo general, la gente acaba en una simple sala funeraria. Si estás aquí, es porque se trata de una muerte sospechosa.

Mujer – ¿Sospechosa?

Hombre – Digamos... una muerte cuyas circunstancias no están claramente establecidas. Un suicidio... o un homicidio.

Mujer – ¿Crees que alguien pudo haberme envenenado?

Hombre – Eso... La investigación lo dirá... Después de la autopsia.

Mujer – ¿La autopsia?

Hombre – Bueno, creo que en tu caso, obviamente no será una autopsia.

Mujer – ¿Quién podría haber querido asesinarme?

Hombre – Eso...

Mujer – ¿Mi esposo?

Hombre – Por eso es que hay que pensarlo dos veces antes de advertirle. Si es él quien viene a recuperarte en la morgue...

Mujer – ¿Por qué mi esposo querría asesinarme?

Hombre – Las razones para asesinar a tu cónyuge no escasean, ya sabes...

Mujer – Espero que no hables por experiencia propia... ¿Estás casado?

Hombre – No.

Mujer – Con esa visión del matrimonio, entiendo por qué.

Hombre – Además, no está del todo claro que se trate de un asesinato. Y si lo es, nada garantiza que tu esposo sea el culpable.

Mujer – ¿Entonces un suicidio? Pero ¿por qué?

Hombre – Quién sabe...

Mujer – Presiento que me dirás que las razones para suicidarse no escasean... No eres precisamente optimista, ¿verdad?

Hombre – Con el trabajo que hago, ya sabes... tiendo a ver todo en negro.

Mujer – Aun así, incluso en la morgue, a veces hay buenas sorpresas. La prueba...

Hombre – En cambio, tú pareces ser una persona optimista. Así que creo que podemos descartar el suicidio.

Mujer – Entonces sería un asesinato...

Hombre – ¿Tienes algún recuerdo, aunque sea borroso?

Mujer – Solo impresiones vagas. A veces destellos. La sensación de que mi mente flota sobre mi propio cuerpo...

Hombre – ¡Vaya!... Yo pensaba más bien en recuerdos de tu vida antes de la muerte. Pero esto se parece mucho a lo que siento cuando me fumo un porro.

Mujer – De todos modos, no recuerdo a un anciano con barba blanca esperándome en las puertas del paraíso.

Hombre – ¿Y tus últimos momentos? Justo antes de tu muerte.

Mujer – No... Nada...

Hombre – Porque si se tratara de un asesinato, eso podría ayudar a la policía.

Mujer – Sí, supongo que es muy raro poder obtener el testimonio de la víctima de un asesinato...

Hombre – Lástima... Eso podría resolver muchos casos.

Mujer – Desafortunadamente, no tengo ningún recuerdo de las circunstancias de mi muerte... Ni de las de mi vida, en realidad... Curiosamente, lo que recuerdo mejor es mi nacimiento. Me veo en esa incubadora en la maternidad.

Hombre – A menos que también recuerdes el nombre que estaba escrito en la pequeña pulsera, eso no nos ayudará mucho.

Mujer – No, desafortunadamente... Y además solo tenía tres días, todavía no sabía leer.

Silencio.

Hombre – En cualquier caso, podrías escribir un libro.

Mujer – ¿Un libro?

Hombre – ¡Para contar tu viaje al más allá!

Mujer – Te lo dije, solo son impresiones vagas.

Hombre – Podrías adornar un poco el asunto... Hay libros escritos por mucho menos, ¿sabes? Algunos escriben un tocho de 400 páginas solo para contar cómo perdieron unos kilos gracias a una dieta milagrosa. Así que una experiencia cercana a la muerte... Estoy seguro de que sería un éxito.

Mujer – ¿Lo crees?

Hombre – O tal vez una obra de teatro...

Un momento.

Mujer – No aguanto más... Voy a salir de aquí...

Ella se prepara para salir. Él la detiene.

Hombre – Espera...

Mujer – Acabo de pasar más de un día en un cajón. Me estoy asfixiando aquí. ¿Quieres impedirme tomar un poco de aire?

Hombre – No, pero te lo desaconsejo.

Mujer – ¿Y si todo esto fuera solo temporal? Tal vez sea una especie de Cenicienta, versión zombie. Tengo permiso hasta la medianoche, y cuando suenen las doce campanadas, volveré a la nada. Definitivamente, esta vez. Así que mientras tanto, si me lo permites, prefiero ir al baile en lugar de quedarme en la morgue. Después de todo, es Nochevieja, todo el mundo está de fiesta. Seguro que encuentro una fiesta a la que pueda entrar sin invitación.

Hombre – ¿Envuelta en una mortaja?

Mujer – También hay fiestas de disfraces...

Hombre – Es cierto que los casos de resurrección son muy raros. Pero nada garantiza que la tuya sea solo temporal.

Mujer – Incluso para Jesús solo duró cuarenta días. Así que para una simple mortal como yo... ¡Déjame pasar!

Ella se dispone a salir. Él la detiene de nuevo.

Hombre – Sé razonable... Te han declarado muerta. Ya no tienes existencia legal. No tienes derechos. A ojos de la ley y de la sociedad, ya no existes. Eres como un recién nacido que aún no ha sido bautizado.

Mujer – ¿Bautizada?

Hombre – Quiero decir declarada en el registro civil, obviamente. Si estuviéramos en una maternidad y yo fuera una comadrona, ¿dejaría que un bebé saliera a la calle antes de haber sido declarado por sus padres en el registro civil?

Mujer – Un bebé... No estoy segura de entender...

Hombre – Si sales de aquí, no tendrás ninguna protección...

Mujer – ¿Qué riesgo corro? ¿Morir dos veces?

Hombre – Y además no recuerdas nada... No tienes dinero. Serías una presa fácil, te lo aseguro. Si alguien te mata, nadie será sospechoso. Ya estás muerta. Tu certificado de defunción está aquí...

Mujer – Por otro lado, ya que ya no existo, puedo hacer lo que quiera. Robar un banco o... matar a alguien, precisamente. Y si empiezo contigo...

Hombre – Evitemos llegar a eso. Si eso es realmente lo que quieres, no te impediré que te vayas.

Mujer – Bromas aparte, tranquilo.

Hombre – Vaya, se puede estar muerto y mantener el sentido del humor.

Mujer – Nunca he matado a nadie, al menos eso creo. No es ahora que estoy muerta que voy a empezar.

Hombre – Quédate conmigo, por favor...

Mujer – Está bien... No quiero causarte más problemas.

Hombre – Gracias. Me alivia de verdad...

Un momento de silencio.

Mujer – Pero tengo la impresión de que algo más te preocupaba al pensar en ver partir a una de tus inquilinas... No me digas que ya te has encariñado conmigo...

Hombre – Si un cuerpo falta mañana por la mañana, me pedirán cuentas. Y me costará explicar que este cadáver se fue a celebrar la víspera de Año Nuevo por su cuenta. Me acusarán de ocultación de cadáver. Tal vez algo peor...

Mujer – ¿Quién querría robar un cadáver?

Hombre – Ya ha sucedido. ¿Sabías que a Charlie Chaplin lo secuestraron varios meses después de su muerte?

Mujer – ¿Para qué?

Hombre – Para pedir un rescate a su viuda, simplemente.

Mujer – No soy una celebridad. Nadie pagaría por recuperarme viva. Entonces, para recuperar mi cadáver...

Ella se sienta.

Hombre – Vamos, disfruta un poco más de tu muerte. No es una experiencia que se le dé a todo el mundo.

Un momento de silencio.

Mujer – ¿Y si no todo el mundo estuviera contento de verme resucitada?

Hombre – Seguramente hay mucha gente que te quiere, ¿no? Aparte de tu esposo...

Mujer – No lo sé... No recuerdo nada... Tal vez era una molesta. O incluso un monstruo. Si alguien intentó asesinarme, tal vez lo merecía.

Hombre – Sí, quién sabe...

Mujer – O tal vez deje una buena herencia.

Hombre – O simplemente tus seres queridos ya han superado tu muerte... y tienen nuevos planes.

Mujer – Gracias por levantarme el ánimo. Me ayuda mucho...

Hombre – En cualquier caso, tendremos que decidirnos. La autopsia está programada para mañana por la mañana...

Mujer – Sí, no puedo estar muerta para siempre.

Hombre – Es una frase que nunca pensé escuchar aquí algún día.

Mujer – Oh, y tienes razón, es Nochevieja. Todo el mundo está celebrando. Mi resurrección puede esperar hasta el próximo año.

Silencio.

Hombre – Y si todo esto no fuera más que un malentendido, y nunca hubieras muerto.

Mujer – Eso no explicaría por qué el cajón número 99 está vacío.

Hombre – Tal vez sea un error, después de todo. Alguien se llevó el cuerpo en preparación para el entierro, olvidando completar los papeles. Porque aquí solo tenemos clientes de paso. Se quedan solo dos o tres noches esperando mudarse definitivamente a su último lugar de descanso.

Mujer – Olvidas que me llamo Cristina, como esa mujer que murió.

Hombre – Podría ser una coincidencia, después de todo.

Mujer – Admite que sería una gran coincidencia.

Hombre – Además, nada prueba que realmente te llames Cristina. Aparte de ese vago recuerdo de una tarta de cumpleaños... Es bastante débil...

Mujer – ¿Y la foto?

Hombre – Una foto de un cadáver... Es un poco difícil juzgar la similitud. Si supieras la cantidad de personas que vienen aquí para identificar el cadáver de su cónyuge y no lo reconocen.

Mujer – Muy bien. No soy Cristina Wagner, esposa de Ricardo Wagner. Pero entonces, ¿quién sería yo? ¿De dónde vendría?

Hombre – Tal vez te hayas escapado de un hospital psiquiátrico.

Mujer – ¿Crees que estoy loca?

Hombre – En todo caso, tienes amnesia.

Mujer – Sí, tal vez...

Silencio.

Hombre – O tal vez sea yo el que está loco.

Mujer – ¿Tú?

Hombre – Y en mi locura, inventé toda esta historia. Sabes, trabajar en una morgue, eventualmente afecta un poco tu mente.

Mujer – Sí, pero yo estoy aquí.

Hombre – En ese caso, ambos estamos locos.

Mujer – Quién sabe.

Hombre – Escapamos de un manicomio y terminamos en la morgue.

Mujer – ¿Cómo llegamos hasta aquí?

Hombre – En realidad, solo tenemos que tomar el ascensor. Estamos en un hospital. La psiquiatría está en el último piso y el Instituto de Medicina Forense en el sótano.

Mujer – ¿Estamos seguros de que nos encontramos en una morgue?

Hombre – Hay un letrero, después de todo.

Mujer – ¿Y si todo esto fuera solo el producto de nuestra imaginación enferma?

Hombre – Se está volviendo un poco complicado para mí.

Mujer – Esta Cristina que murió, ¿decías que era psicoterapeuta, verdad?

Hombre – Eso es lo que creí leer en su ficha.

Mujer – Entonces, quizás soy tu psicoterapeuta.

Hombre – ¿Una psicoterapeuta loca?

Mujer – Por lo general, esas personas ya están un poco locas. Para elegir un trabajo así.

Hombre – Un loco que tiene como terapeuta a una loca, y encima está muerta. Tienes razón, ahora veo las cosas mucho más claras.

Mujer – Sí... No sé si éramos locos, pero definitivamente nos estamos volviendo locos, eso es seguro.

El teléfono suena. Él contesta.

Hombre – Ah, mamá... Sí, sí, todo está bien. No, todavía está tranquilo... De hecho, no ha habido nuevas entradas por ahora. Incluso diría que es lo contrario... ¿Salidas? Tampoco, no. Bueno, te llamo después, ¿de acuerdo? Sí, sí, diviértete.

Él cuelga.

Mujer – ¿No le dijiste nada?

Hombre – ¿Qué le iba a decir? Estoy pasando la Nochevieja a solas con una mujer guapa... pero tengo algunas razones para pensar que tal vez sea una zombie.

Mujer – ¿Una mujer guapa...?

Hombre – Ni siquiera me atrevería a presentarle a mi madre a una chica que encontré en un bar, así que mucho menos a una chica que encontré en un cajón de la morgue... En cualquier caso, a lo parecer, causaste una muy buena impresión en ella. Pero no te emociones. Está dispuesta a hacer cualquier cosa para que le dé nietos. Incluso a emparejarme con una zombie.

Mujer – Así que eres un soltero empedernido.

Hombre – Según mi madre, incluso podría convertirme en un solterón...

Mujer – ¿Por qué no te has casado?

Hombre – No lo sé. Supongo que no he encontrado a la persona adecuada. Hasta hoy...

Mujer – ¿Hasta hoy?

Momento de turbación. Ambos parecen atraídos el uno hacia el otro.

Hombre – Todo esto no es realmente sensato...

Mujer – No, y qué diría tu madre...

Hombre – Te sugeriría que nos fuéramos juntos a unirnos a mi familia para celebrar el Año Nuevo, pero estoy de guardia.

Un momento.

Mujer – ¿Y las pertenencias de esta mujer? ¿Las tienes tú?

Hombre – Sus pertenencias...?

Mujer – Cuando tus clientes llegan aquí, supongo que todavía llevan su ropa puesta, y que eres tú quien los desviste.

Hombre – Sí, claro...

Mujer – ¿Fuiste tú quien me desvistió?

Hombre – Yo... Ya no sé... Creo que lo recordaría...

Mujer – Pero seguro que tienes mis cosas en alguna parte, ¿no? Al menos las cosas de esta mujer.

Hombre – Sí.

Mujer – Si viera mis efectos personales, tal vez me ayudaría a recordar... En cualquier caso, me permitiría vestirme.

Hombre – Claro...

Mujer – ¿Entonces?

Hombre – Voy a ver lo que puedo hacer...

Él sale. Quedándose sola, ella toma el espejo y se mira de nuevo.

Mujer – No me veo tan mal... para alguien que murió ayer.

Se peina. Él regresa con algunas prendas de ropa y una bolsa.

Hombre – Aquí están las pertenencias de Cristina Wagner.

Mujer – Gracias. (*Un poco incómoda*) ¿Me permite vestirme?

Hombre – Por supuesto...

En un movimiento hábil, ella se quita la sábana que la cubre y se la ofrece delante de ella.

Mujer – ¿Puede sostener la sábana y cerrar los ojos?

Hombre – Al mismo tiempo, si cierro los ojos, la sábana no sirve de nada...

Mujer – Es cierto, pero si alguien entrara...

Hombre – Tiene razón.

Mujer – Y además, no sé por qué, siento que nos están mirando... ¿Tú, no?

Hombre – Sí... Otro efecto de nuestra imaginación enferma, supongo.

Toma la sábana y la sostiene tensa. Ella se viste con la ropa que él trajo.

Mujer – Puede abrir los ojos.

Ella se ve aún más atractiva vestida que envuelta en una sábana, y él parece deslumbrado.

Hombre – Ah, sí, es... Así, te pareces mucho menos a un fantasma.

Mujer – En cualquier caso, esta ropa me queda perfecta. Deben ser las mías...

Hombre – Sí...

Ella da algunos pasos.

Mujer – También había una bolsa.

Él le entrega la bolsa.

Hombre – Aquí está...

Ella abre la bolsa y mira lo que contiene. Saca un teléfono móvil.

Mujer – Incluso hay un teléfono... Aquí no debe dejar de sonar.

Hombre – Por lo general, intentamos ponerlos en modo avión.

El teléfono comienza a sonar.

Mujer – Aparentemente, no este... (*Por reflejo, contesta la llamada*). Cristina Wagner, hablando...

Hombre – Te recomiendo que cuelgues.

Ella finaliza la llamada y coloca el teléfono en el escritorio.

Mujer – Tienes razón, creo que es mejor por ahora.

Hombre – Probablemente alguien que te desea un feliz año nuevo.

Mujer – Todavía no debe haber recibido el anuncio de defunción.

Hombre – Después de todo, solo moriste ayer.

Ella mira en su bolso de nuevo y saca un tubo de lápiz labial. Se aplica un poco en los labios.

Mujer – ¿Me queda bien con mi tono de piel?

Hombre – Muy bien... Te da un aspecto más...

Mujer – ¿Más viva?

Hombre – Más femenino.

Mujer – ¿Una mujer que muere sigue siendo femenina...?

Hombre – Ah, eso es de una canción de Brigitte Fontaine. Una cantante francesa. ¿Conoces a Brigitte Fontaine?

Mujer – Aparentemente, conozco sus canciones. Pero sobre todo, tengo la impresión de haber escuchado esa línea en algún lugar.

Hombre – ¿Qué línea?

Mujer – Lo que acabas de decir : "Es de una canción de Brigitte Fontaine".

Hombre – Ah, sí...?

Mujer – ¡Ya me acuerdo! Es de otra obra del mismo autor.

Hombre – ¿Otra obra?

Mujer – Parece que es un autor que tiende a repetirse.

Hombre – Pero cuando hablas de líneas, ¿quieres decir... que ambos estamos actuando en una obra de teatro?

Mujer – Es también una hipótesis, ¿no?

Hombre – En todo caso, explicaría muchas cosas.

Mujer – Es cierto que en el teatro es mucho más común que los muertos regresen a la vida.

Un momento de silencio.

Hombre – Es curioso, no te habría imaginado fan de Brigitte Fontaine.

Mujer – ¿Por qué? ¿Parezco una tonta?

Hombre – Para nada... Quiero decir... Eres un poco joven para eso, eso es todo.

Mujer – ¿Cuántos años me darías?

Hombre – Vi tu fecha de nacimiento en el certificado de defunción. Pero te habría dado diez años menos.

Mujer – Es muy caballeroso de tu parte.

Hombre – En cualquier caso, eres encantadora... para una muerta.

Ella parece un poco perturbada.

Mujer – Tampoco estás mal... para un sepulturero.

Hombre – Incluso diría que eres irresistible...

Momento de vacilación. Se sienten cada vez más atraídos el uno al otro. Se escuchan ruidos de fiesta. Petardos, bocinas, gritos...

Hombre – Ya casi es medianoche.

Mujer – ¡Entonces, feliz año nuevo!

Hombre – Feliz año nuevo para ti también.

Mujer – ¿Qué podemos desearnos?

Hombre – No lo sé...

Mujer – ¿Siempre podemos besarnos?

Hombre – Vamos...

Intentan darse un beso en la mejilla, pero terminan besándose apasionadamente. Se separan, incómodos.

Mujer – Lo siento mucho, perdón.

Hombre – No, soy yo. No sé qué me pasó.

Mujer – Eros y Thanatos... El amor, la muerte... Se sabe que los extremos se atraen...

Hombre – Parece que sabes mucho al respecto. Debes ser realmente psicoanalista.

Mujer – Si soy tu psicoanalista, no es sorprendente que te hayas enamorado de mí.

Hombre – ¿De verdad?

Mujer – Siempre nos enamoramos de nuestro psicoanalista. Se llama transferencia.

Un momento.

Hombre – Me pregunto cómo va a terminar todo esto.

Mujer – Bien... si es una comedia. Pero si es una tragedia...

Hombre – Tú volverás a donde vienes, y yo me quedaré aquí solo. Todo esto se disipará con los vapores de la celebración de fin de año, como si hubiera sido solo un sueño.

Mujer – Sí, tal vez sea solo un error momentáneo debido al cambio de año.

Hombre – Y desaparecerás de repente después de este abrazo. Como mencionaste antes, en el duodécimo golpe de medianoche.

Se escuchan las doce campanadas de medianoche. Ambos permanecen como petrificados.

Mujer – Medianoche ha pasado, y todavía estoy aquí.

Hombre – Y todavía estás viva.

Mujer – Tengo miedo.

Hombre – Yo también.

Mujer – Ahora tengo miedo de morir de verdad. Porque tengo miedo de perderte.

Hombre – Si esto es un sueño, quisiera no despertar nunca.

Mujer – Y si es la locura, preferiría quedarme loca.

Hombre – Es completamente irrazonable. No puedo enamorarme de ti. Incluso si no estás muerta, estás casada. Eso es aún peor.

Mujer – Por otro lado, mi esposo ya está viudo. Será mucho más simple.

Hombre – ¿Tú crees?

Mujer – Entonces, ¿qué hacemos?

Hombre – Mi madre me preparó una canasta de comida para celebrar el Año Nuevo.

Mujer – No tengo mucho apetito.

Hombre – Yo tampoco... Pero siempre podemos beber champán.

El saca una botella, la destapa y llena dos copas. Le ofrece una de las copas.

Mujer – Gracias.

Hombre – Por la vida...

Mujer – Por el amor...

Brindan y beben. El teléfono móvil de Cristina Wagner vuelve a sonar. Se miran desconcertados. El teléfono deja de sonar.

Hombre – No podremos seguir fingiendo que nada ha pasado eternamente...

Mujer – Ahora que te he encontrado, no quiero perderte...

Hombre – Si algún día tenemos que oficializar nuestra unión, primero debemos oficializar tu resurrección.

El móvil vuelve a sonar. Ella mira la pantalla.

Mujer – ¡Es él!

Hombre – Ricardo Wagner...

Mujer – ¿Cuál será su reacción cuando se entere de que ya no está viudo...?

Hombre – Y de que apenas resucitada, ya lo engañas con un empleado de la morgue.

Mujer – Por cierto, ¿por qué me llama, si él cree que estoy muerta...?

Hombre – ¿Para escuchar el sonido de tu voz en el contestador...?

Mujer – No lo imagino tan sentimental.

Hombre – ¿Imaginas o recuerdas?

Mujer – Sí, la memoria me está regresando poco a poco. Por ahora, son solo elementos dispersos. Como piezas de un rompecabezas que trato de armar.

Hombre – ¿Y si fue él quien te llamó la primera vez... por error tal vez? Escuchó tu voz y ahora sabe que no estás muerta...

Un momento. Ella parece completamente absorta en sus pensamientos.

Mujer – Ahora recuerdo... (*Petrificada*) Fue él quien me envenenó...

Hombre – Pero... ¿por qué?

Mujer – Veo mis últimos momentos pasar frente a mis ojos. Una disputa muy violenta. Acabo de descubrir que mi esposo, sin que yo lo supiera, ha estado liderando un grupo neonazi con el objetivo de preparar un golpe de estado en España...

Hombre – Un golpe de estado... Vaya, eso es serio... Ricardo Wagner... Sí, eso me suena vagamente...

Mujer – Heredé la fortuna de mis padres. Creo que eso es principalmente por lo que se casó conmigo. Y es con mi dinero que él financia en secreto a esta banda de fascistas. Le anuncié que me iba a divorciar y que no tendría un centavo...

Hombre – Por supuesto, él no quiere escuchar hablar de eso. Y es para heredar tu fortuna que te asesinó...

Mujer – Sí... Él me obligó a tomar estos medicamentos bajo amenaza de un arma, para disfrazar este asesinato como un suicidio.

Hombre – Entonces él está armado y sabe que estás aquí. Probablemente ya esté en camino para terminar el trabajo que comenzó.

Mujer – ¡Él no corre ningún riesgo! ¡Oficialmente, ya estoy muerta!

Hombre – No te preocupes, estoy aquí.

Mujer – ¿Qué vas a hacer? Si llega aquí con un arma... y tal vez acompañado por sus compañeros neonazis del Grupo Wagner.

Hombre – Para empezar, voy a alertar al policía que está de guardia en el hospital... No va a ser fácil explicarle todo esto, pero puedo intentarlo... (*Le da un beso en los labios*) No te muevas de aquí, ¿de acuerdo? Vuelvo enseguida...

Sale. Ella se queda sola, preocupada. Se escuchan nuevamente ruidos de truenos. La luz parpadea. Se ven relámpagos. Ella escribe febrilmente una nota en la computadora. La pantalla se queda en negro. Ella sale en la oscuridad. Música melodramática. Él regresa y se da cuenta de que la habitación está a oscuras.

Hombre – ¿Cristina? Se volvió a cortar la luz...

Sale de nuevo al escenario para restablecer la energía. La luz vuelve. Vuelve a entrar y no la ve.

Hombre – ¿Cristina?

Parece desconcertado. Ve la nota en la pantalla. La lee.

Hombre (*leyendo*) – Te espero arriba... (*Para sí mismo*) ¿Arriba?

Sale de nuevo. Música de Wagner. Truenos. Relámpagos. Vuelve, completamente alucinado. Inhala una línea de cocaína y se sienta para tratar de recuperar la compostura. El teléfono suena. Levanta el auricular.

Hombre – ¿Hola? ¿Policía? Ah, sí... Sí, sí, fui yo quien alertó a su colega antes, pero... tal vez me apresuré un poco... Confundí el número 99 con el número 66. La etiqueta se había volteado, ¿entienden? 66 al revés, es 99. Y como el cajón número 66 no está ocupado esta noche, eso significa que todos mis pacientes están aquí... Y lo demás... debe ser fruto de mi imaginación. No, les aseguro que no he tomado ninguna sustancia alucinógena. No, no hace falta que se molesten, les aseguro. Eso es todo, gracias. Sí, feliz año también para ustedes...

Se sienta, devastado.

Hombre – Realmente necesito dejar la coca... Empiezo a tener alucinaciones...

Termina la botella de champán.

Hombre – Bueno, tengo que relajarme un poco, porque a este ritmo no llegaré al final del año... Un fantasma... ¿De dónde saco todo esto? Debe haber sido un mal viaje... Voy a echarme una siestecita, seguro que me siento mejor después...

Cierra los ojos y se queda dormido con la cabeza sobre su escritorio.

Negro.

En la oscuridad, gira el letrero que dice "Instituto de Medicina Forense – Recepción", antes de volver a su posición de durmiente.

Luz.

En el letrero ahora se lee "Paraíso – Sala de espera".

Después de un momento, la mujer reaparece al borde del escenario, llevando esta vez una bata blanca.

Mujer – ¡Señor! (*Como él no reacciona, da un paso adelante y repite más fuerte*) ¡Señor!

Él sale de su sopor y la mira sorprendido.

Hombre – ¿Sí?

Mujer (*con una sonrisa amable*) – ¿Qué número tiene?

Él mira el cartón que tiene en su mano y lee.

Hombre – 99... (*Ella parece sorprendida, él voltea el cartón*) Ah, no, perdón... 66.

Mujer – Entonces le toca a usted...

Se levanta con paso vacilante y sale con ella.

Negro. **Fin.**

Novembro de 2023

www.ingramcontent.com/pod-product-compliance
Lightning Source LLC
LaVergne TN
LVHW010123170826
845678LV00012B/2575

* 9 7 8 2 3 8 6 0 2 0 8 6 5 *